DÉLIRONS
AVEC Léon !

UN TAS DE TRUCS POUR S'ÉCLATER

NUMÉRO **1**

PAR

ANNIE GROOVIE

À Florence R., Nadianie, Arnaud, Florence M., Sophie, Kamil et Alex. Merci pour vos précieux conseils, vous avez été une grande source d'inspiration.

Un merci spécial à Franck pour sa toujours fidèle et généreuse collaboration.

Merci à Sophie pour son aide, ses mains et son soutien, et à François le pâtissier.

EN VEDETTE :

LÉON

Personnage principal et héros de la série de livres portant son nom, Léon est un cyclope hors de l'ordinaire. Il est gourmand, sensible, drôle et même parfois un peu nono. En fait, il prend tout au premier degré et a une vision unique et bien à lui des choses. (Un cyclope avec une vision unique... Ça marche, non ?)

Oups... j'ai passé tout droit !

LE CHAT

Ami fidèle de Léon depuis toujours, le chat se nomme tout simplement « Le Chat ». Ils aiment se jouer des tours, se moquer l'un de l'autre et, parfois même, réfléchir au sens de la vie. De vrais bons amis, quoi !

LOLA

Petite nouvelle dans la vie de Léon et du Chat, Lola viendra mettre un peu de piquant et de charme dans leurs aventures jusqu'ici plutôt « mâles ». Jolie, habile et coquine, elle sait comment s'y prendre pour gagner le cœur de ses deux comparses.

Bon, il est là !

C'est pas trop tôt !

APPARITION SPÉCIALE :

Voici **GUSTAVE** le chimpanzé. Il se cache quelque part dans le livre. Saurez-vous le trouver ?

BIENVENUE DANS L'UNIVERS DÉLIRANT DE LÉON

Ce livre est le premier d'une série tout à fait unique, conçue pour vous en faire voir de toutes les couleurs. Eclats de rire, étonnement foudroyant, concentration imperturbable, fascination délicieuse... Préparez-vous à vivre une **panoplie** d'émotions des plus variées et des plus stimulantes.

Vous survolerez des BD parfois touchantes, parfois très **AMUSANTES**. Vous découvrirez le métier super cool de pâtissier chocolatier et vous apprendrez à faire une grenouille en papier.

Ce petit bouquin est *parfait* pour les vacances d'été à la plage ou à la piscine, pour les journées pluvieuses, pour lire dans la voiture, pendant un long voyage chez une vieille tante ou même dans une télécabine au-dessus des pistes de ski. Bref, vous ne voudrez plus vous en séparer !

Et ça, nous le savions déjà. C'est pourquoi nous avons créé cette nouvelle série en un FORMAT DE POCHE très pratique. Ainsi, vous n'aurez pas besoin de sac ou de valise pour le transporter, mais seulement d'une poche... Bon, OK, une grande poche !

Vous remarquerez aussi qu'il y a un **trait pointillé** dans le coin supérieur de chaque page. Ce n'est pas une erreur, c'est une marque indiquant où plier la feuille pour vous aider à retrouver la page où vous étiez rendus. Génial, non ?

Ah ! Oui ! Il y a un code secret à découvrir. Et ce code vous donnera accès à un autre jeu pas mal **trippant**.

Alors, ne perdez pas un instant et plongez tête première dans ce délirant **ouvrage** créé pour votre plus grand plaisir.

ATTENTION : CE LIVRE CONTIENT UN TAS DE TRUCS À HAUTE TENEUR EN DÉLIRONIUM SURACTIF. ÇA N'EST PAS DU TOUT TOXIQUE, MAIS VOUS RISQUEZ À TOUT MOMENT D'ÉCLATER DE RIRE, QUE LE LIEU OÙ VOUS VOUS TROUVEZ S'Y PRÊTE OU NON (DANS L'AUTOBUS, À LA BIBLIOTHÈQUE OU MÊME EN PLEINE RUE). VOUS VOILÀ AVERTIS. SOYEZ VIGILANTS.

Table des matières

TEMPS DE RÉFLEXION

QUEL TALENT !

SURPRISE !

PAUSE PUB

19

Inventions farfelues

À fabriquer vous-mêmes !

Lunettes
DODO INCOGNITO

Dormez tranquilles grâce à une paire de lunettes truquée

Voyez l'effet !

ZZZzzzZZZZZZZZZ

Image d'yeux découpée dans un magazine et collée à l'intérieur d'une paire de lunettes

Sac BOBETTES

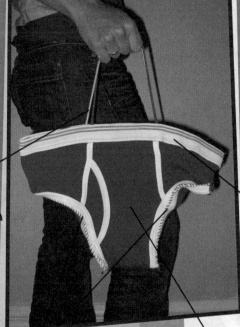

Lacets
ou ruban

Bandes
de velcro
pour
fermer
le sac

Coutures pour
fermer les ouvertures

Bobettes

23

«EH NON, JE NE SUIS PAS GUSTAVE... CHERCHEZ ENCORE !

pourquoi?
pourquoi?

VOUS VOUS ÊTES PEUT-ÊTRE DÉJÀ POSÉ CES QUESTIONS...

Pourquoi les serviettes dans les hôtels sont-elles toujours blanches ?

• Peut-être parce qu'il n'y a qu'un seul fournisseur de serviettes d'hôtels et qu'il n'en possède que des blanches...

• Peut-être parce que le blanc s'agence bien avec n'importe quelle autre couleur. Ainsi, il peut aller avec toutes les tapisseries et toutes les teintes de peinture sur les murs...

• Peut-être parce que les serviettes blanches paraissent plus propres...

• Peut-être parce que le blanc est neutre et que c'est une couleur universelle...

• Peut-être pour qu'elles se marient avec toutes les robes de chambre...

• Ou tout simplement, et c'est ce que je pense, pour qu'on puisse les désinfecter plus facilement à l'eau de Javel. Étant blanches, elles ne perdent pas leur couleur !

Pourquoi les tartines tombent-elles toujours du côté de la confiture ?

• Peut-être parce qu'il y a trop de confiture et que son poids attire ce côté des tartines vers le sol...

• Peut-être parce qu'elles veulent nous forcer à laver le plancher...

• Peut-être parce qu'on est tous très malchanceux à ce moment-là...

• Peut-être parce que la tranche de pain veut se protéger pour ne pas se faire trop mal en tombant...

• Il y a une théorie qui explique ce mystérieux phénomène. En résumé, cela dépendrait fortement de la hauteur de la table ou du comptoir, du beurrage (seulement d'un côté) ainsi que de la forme et de la dimension de la tranche de pain.

• Donc, pour une hauteur de table, un beurrage et une tranche de pain standards, de nombreuses séries de tests démontreraient que la tartine, habituellement beurrée sur sa face supérieure, aurait juste le temps d'effectuer un demi-tour durant sa chute pour ainsi venir s'étaler invariablement au sol sur sa face beurrée. Voilà !

Pourquoi y a-t-il un mode d'emploi sur les bouteilles de shampoing ?

• Peut-être parce que c'est dangereux de les utiliser sans respecter le mode d'emploi exact ; par exemple, si on fait mousser le shampoing dans nos cheveux avant de les avoir mouillés... Ouuuuuuh... attention !

• Peut-être parce que cela sent tellement bon que les gens auraient envie d'en avaler... Quelle bonne idée ! Je vais l'essayer sur mes rôties demain matin...

• Peut-être parce que les fabricants pensent que certaines personnes sont si occupées qu'elles ne se souviennent plus d'une fois à l'autre comment s'en servir...

• Peut-être parce qu'il y en toujours eu et que ce serait étrange de l'enlever : cela créerait un espace vide derrière la bouteille...

• Ou tout simplement parce que légalement les compagnies doivent l'inscrire pour se protéger. On ne sait jamais, quelqu'un pourrait se plaindre d'avoir souffert d'une indigestion après avoir utilisé son shampoing comme vinaigrette, parce qu'il n'y avait pas de mode d'emploi !

La réflexion
de Léon...

Ça doit être ça, la chirurgie plastique...

Devinettes

Connaissez-vous les frères Térieur ? Ils sont deux.
Indice : leur prénom commence par « A ».

Alain et Alex

Les Delune ont une fille. Comment s'appelle-t-elle ?

Claire

Dans un presbytère, qui s'occupe du café ?
Indice : c'est un père...

Le père Colateur

Comment s'appelle le plus vieux concierge russe ?

Ivor Lamoppe

Comment les oiseaux préfèrent-ils leur steak ?

Cuit, cuit !

Il est préférable de suivre un régime avant d'aller à cet endroit.

En Grèce...

Quel est le nom de la reine des travaux ?

La reine Novatrice

Pourquoi les cannibales ne mangent-ils pas de clowns ?

Parce que ça goûte drôle...

À quelle heure les cow-boys se couchent-ils ?

Pas tard, pas tard !

Comment se nomme le maire le plus profiteur ?

Le maire Cantile

Énigme

Que suis-je ?

A. Celui qui le fabrique le vend.

B. Celui qui l'achète ne s'en sert pas.

C. Celui qui l'utilise ne le sait pas.

Indice : objet

Réponse à la page 84

DRÔLE DE CONFIDENCE

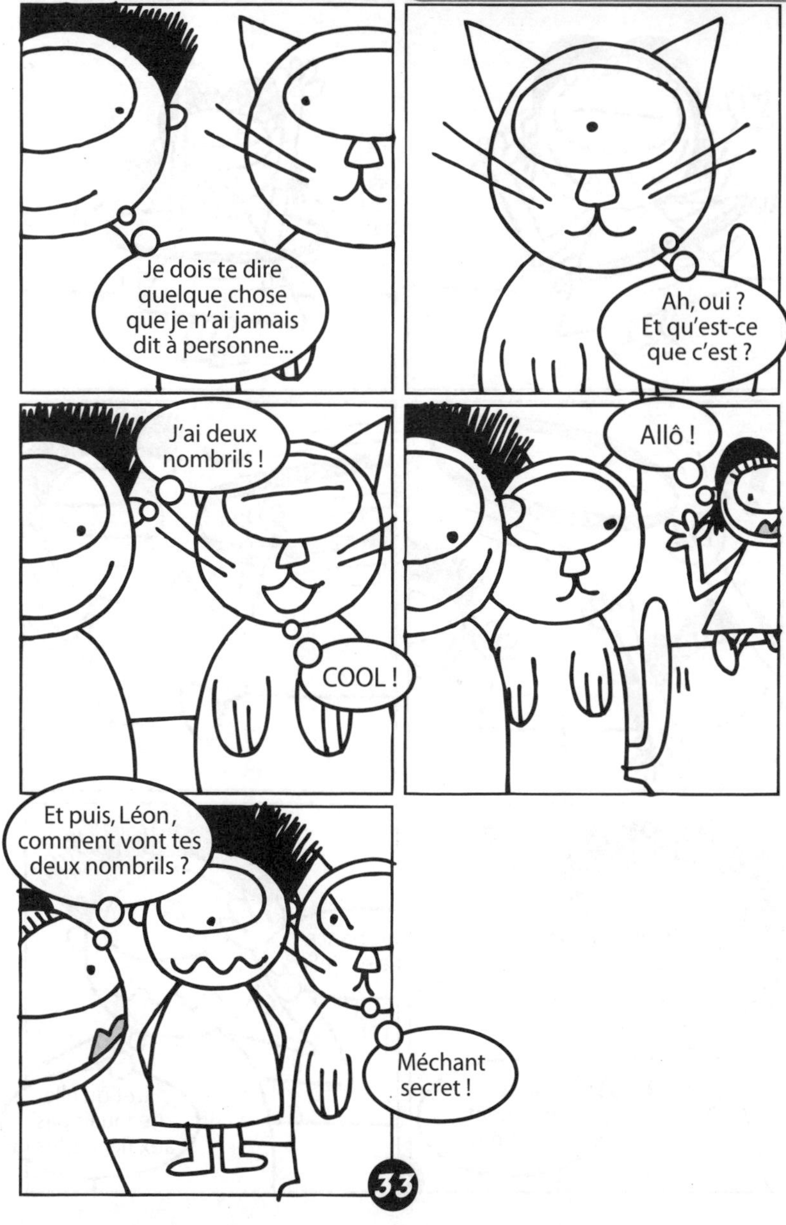

HOULA OUPS...

SOLIDE SOLIDARITÉ

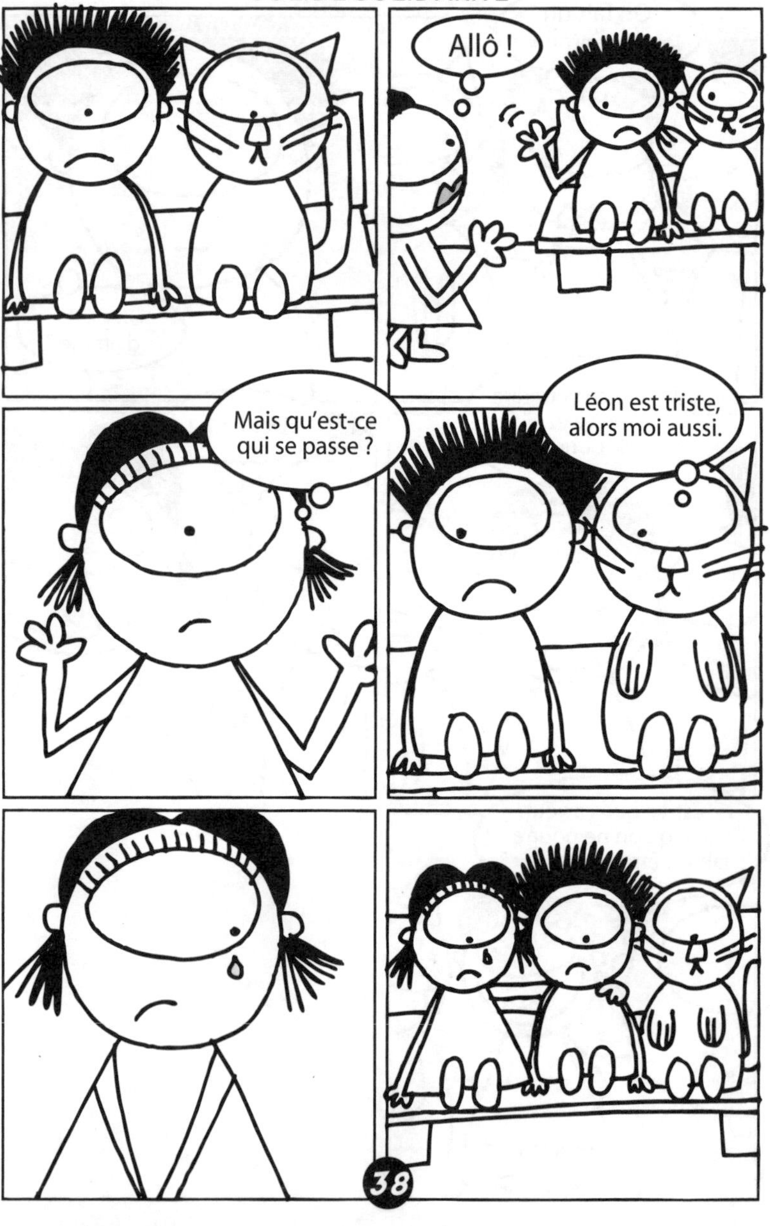

PIZZA ÉQUITABLE ?

LE GRAND SECRET

ÇA ROULE ?

PAUSE PUB

N'ayez pas peur du riz Dicule !

Goûtez-y !

Le riz Dicule

Il n'a encore tué personne !

Vrai ou Faux ?

1. Les chiens et les chats voient en noir et blanc.

VRAI   FAUX

2. Il n'y a pas de 25 juillet en Angleterre.

VRAI   FAUX

3. Un animal peut mourir s'il mange trop d'herbe.

VRAI   FAUX

4. Les oreilles et le nez sont les deux seules parties du corps qui n'arrêtent jamais de croître jusqu'à la fin de notre vie.

VRAI   FAUX

5. Les moustaches d'un chat tombent et ne repoussent pas.

VRAI   FAUX

6. Notre planète est constituée de plus de terre que d'eau.

VRAI   FAUX

7. Le Japon est aussi surnommé le pays du Soleil-Levant.

VRAI   FAUX

8. Le mammouth était un mammifère herbivore.

VRAI   FAUX

Réponses à la page 84

*Si vous ne comprenez pas cette image, rendez-vous à la page 65 et complétez le jeu. Vous trouverez alors la réponse. Bonne chance !

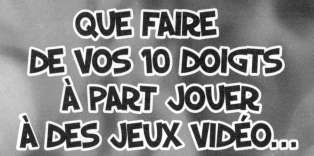

QUE FAIRE DE VOS 10 DOIGTS À PART JOUER À DES JEUX VIDÉO...

GRENOUILLE EN ORIGAMI
15 ÉTAPES FACILES À SUIVRE

Prenez n'importe quel bout de papier assez rigide, de forme rectangulaire et d'environ 18,5 cm x 7,5 cm.

Pliez un premier coin...

... puis un autre dans l'autre sens pour marquer le papier de lignes directrices.

Tournez le bout de papier pour ensuite le plier horizontalement, en plein milieu de toutes les lignes de pliage obtenues.

Dépliez le papier.
Vous devriez obtenir ceci.

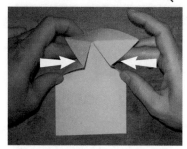

Ramenez ensuite les deux petits
plis horizontaux vers le milieu
et refermez.

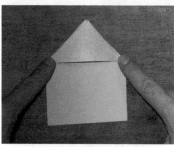

Vous obtenez ce résultat.

Prenez maintenant un coin du
triangle obtenu et repliez-le
vers le haut.

*Remarquez : le pli doit être fait
à angle. Répétez l'exercice de
l'autre côté.

Pliez maintenant verticalement
le reste du bout de papier,
d'un côté...

... puis de l'autre. Vous obtenez la forme ci-haut.

Pliez maintenant horizontalement le reste du bout de papier, d'un côté...

Vous devez voir les pattes de la grenouille.

Repliez cette partie en deux, vers le bas.

Ça y est ! Il ne vous reste plus qu'à retourner le tout...

... et vous obtenez une magnifique grenouille qui saute !

Vous pouvez la décorer comme vous le voulez. Amusez-vous bien !

1. Quelle discipline pratiquait Nadia Comaneci, l'athlète qui fut nommée la reine des Jeux olympiques de Montréal en 1976 ?

A. La gymnastique

B. L'athlétisme

C. Le water-polo

D. Le plongeon

2. Laquelle de ces disciplines n'appartient pas à l'athlétisme ?

A. Le lancer du javelot

B. La course de relais

C. Le saut à la perche

D. Le saut à la corde

3. Combien y a-t-il de joueurs par équipe au soccer, incluant le gardien de but ?

A. 12

B. 11

C. 10

D. 13

4. Quelle est la hauteur du plongeon le plus bas en compétition ?

A. 1 mètre

B. 10 mètres

C. 5 mètres

D. 3 mètres

5. Lequel de ces sports ne figure pas parmi les disciplines des Jeux olympiques d'hiver ?

A. Le patinage artistique

B. La gymnastique

C. Le bobsleigh

D. Le curling

6. Quel sport se pratique avec un moineau ?

A. Le racquetball

B. Le squash

C. Le badminton

D. Le tennis

7. À quel sport associez-vous les joueurs suivants : Pete Rose, Babe Ruth, Gary Carter ?

A. Le baseball

B. Le basketball

C. Le football

D. Le hockey

8. Lequel de ces sports se pratique aussi sous l'eau ?

A. Le volleyball

B. Le tennis

C. Le hockey

D. Le basketball

9. Quel sport se joue en 3 périodes de 20 minutes chacune ?

A. Le basketball

B. Le rugby

C. Le soccer

D. Le hockey

10. De quelles couleurs sont les cartons attribués aux joueurs de soccer lorsqu'ils ont un mauvais comportement ?

A. Bleus ou rouges

B. Verts ou oranges

C. Jaunes ou verts

D. Jaunes ou rouges

11. Quel sport pratiquait le célèbre Rocky dans les films du même nom ?

A. La lutte

B. Le judo

C. L'haltérophilie

D. La boxe

12. Lequel de ces sports n'est pas un art martial ?

A. Le taekwondo

B. Le judo

C. Le karaté

D. La pétanque

13. Quel sport pratique-t-on durant le célèbre Tour de France ?

A. La marche

B. Le vélo

C. La course à pied

D. Le patin à roues alignées

14. Dans laquelle de ces disciplines le gagnant n'est pas déterminé par des juges ?

A. Le plongeon
B. Le patinage artistique
C. La course à pied
D. La nage synchronisée

15. Si j'exécute une triple boucle piquée, je pratique quel sport ?

A. Le curling
B. Le patinage artistique
C. Le badminton
D. Le trampoline

Réponses à la page 84

RÉSULTATS DU TEST

Entre 12 et 15 bonnes réponses :
Bravo ! Vous êtes un vrai sportif ou une vraie sportive !

Entre 9 et 12 bonnes réponses :
OK, disons que ça ira pour cette fois...

Entre 6 et 9 bonnes réponses :
Pas mal. Mais quand même, faites 50 *push-ups* !

Entre 0 et 6 bonnes réponses :
Il se peut que le sport ne fasse pas partie de vos champs d'intérêt, et ce n'est pas grave. Je vous conseille alors de bien retenir ces réponses pour la prochaine fois !

Pâtissier chocolatier

François Baudry

Très tôt, François a aimé les sucreries, mais ce qui le passionnait avant tout, c'était d'en cuisiner avec sa mère. Il a appris avec elle à confectionner des tartes et des gâteaux. Sa première réalisation personnelle a été une bûche de Noël au chocolat et aux framboises qu'il a préparée à l'âge de 17 ans pour sa famille. Ce fut un grand succès, à la fois bien présenté et délicieux ! Il faut ajouter que son goût de popoter lui vient aussi de son père, qui est un grand cuisinier.

• EN QUOI CONSISTE SON MÉTIER ?

François est pâtissier chocolatier, c'est-à-dire qu'il crée et confectionne toutes sortes de pâtisseries, qu'il s'agisse d'un simple croissant au beurre, d'une mousse au chocolat, d'un gâteau de mariage de huit étages ou même d'une pièce entièrement montée en sucre ! Et comme il est aussi chocolatier, il n'hésite pas à garnir ses pâtisseries de superbes décorations entièrement fabriquées en chocolat onctueux, blanc ou noir.

• COMMENT EST-IL DEVENU PÂTISSIER CHOCOLATIER ?

François étant très créatif et habile de ses mains, il cherchait un métier manuel dans lequel il pourrait aussi utiliser son imagination. Et comme il a toujours aimé cuisiner des desserts, à l'âge de 17 ans, il s'est inscrit à l'Institut de tourisme et d'hôtellerie du Québec. Il y a passé deux ans en pâtisserie et un an en chocolaterie. Après sa formation, il a décroché instantanément un emploi à la célèbre Pâtisserie de Gascogne. Il est aujourd'hui propriétaire de plusieurs pâtisseries un peu partout dans la grande région de Montréal.

• QU'EST-CE QU'IL TROUVE LE PLUS COOL DANS SON MÉTIER ?

D'abord, les gens qui achètent des pâtisseries sont toujours heureux. C'est donc un plaisir pour François de les confectionner pour eux ! Et puis, il peut goûter à tout ce qu'il fait ! Parfois, il doit se creuser un peu les méninges pour répondre à des demandes bien spéciales, comme ce gâteau en forme de Titanic. François aime particulièrement ce genre de défis et les relève avec brio !

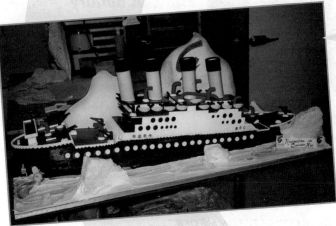

Savez-vous combien de temps il lui a fallu pour confectionner ce magnifique gâteau ? Environ 20 heures, avec l'aide d'un deuxième pâtissier. Et quel prix pensez-vous qu'une cliente a payé pour cette œuvre ? Mille deux cents dollars !

• QU'EST-CE QU'IL TROUVE LE MOINS COOL ?

François doit se lever très tôt le matin pour préparer toutes ses pâtisseries avant d'ouvrir les portes de son commerce. Comme la cuisson requiert un certain temps, il doit parfois commencer sa journée à 5 h du matin !

• QUELLES SONT SES PÂTISSERIES FAVORITES ?

Ce sont celles à base de chocolat, n'importe lesquelles. Et celles qu'il préfère cuisiner sont les mousses. Ce qui le passionne vraiment, c'est décorer des gâteaux et préparer des desserts en assiette comme dans les grands restaurants. Il a d'ailleurs eu la chance d'explorer cette facette de son métier au début de sa carrière.

• PRIX ET DISTINCTIONS :

> **Médaille d'or , catégorie Dessert sur assiette, La Société des chefs, cuisiniers et pâtissiers du Québec (1990)**

> **Jeune pâtissier de l'année, Club des Toques blanches internationales du Québec (1991)**

> **Coupe du monde de la pâtisserie à Lyon (France), équipe du Canada (1997)**

> **Trophée Georges Sallin pour la réalisation d'une pièce artistique faite à partir de chocolat et de sucre, société Barry Callebaut (1997)**

Ce coq géant en chocolat a été créé pièce par pièce par François. Quel art !

• QU'EST-CE QU'IL FAUT POUR DEVENIR UN BON PÂTISSIER ?

On doit aimer travailler avec ses mains et avoir un certain sens artistique. Ce n'est pas tout de cuisiner les pâtisseries : il faut aussi savoir les décorer ! On doit être minutieux, rapide, efficace et patient. Ce n'est donc pas pour les paresseux ! Enfin, un détail important : il faut être matinal.

• COMMENT FAIT-ON POUR DEVENIR PÂTISSIER ?

Il existe plusieurs écoles reconnues, dont l'Institut de tourisme et d'hôtellerie du Québec (ITHQ). De plus, ce métier est de moins en moins populaire. Alors, si on veut continuer à déguster de succulentes pâtisseries, on doit assurer la relève. C'est votre chance !

Vous avez vu tous les fins détails de décoration sur ce gâteau de mariage ? Eh bien, c'est tout fait à la main avec un crayon à pâtisserie dans lequel on introduit du colorant à gâteau. Bravo François !

Saviez-vous qu'il est possible d'imprimer des motifs sur du chocolat ? Eh oui, grâce à du colorant à pâtisserie ! Le principe utilisé est la sérigraphie, un procédé traditionnel qui permet d'imprimer toutes sortes de choses, par exemple sur des t-shirts. La page de journal que vous voyez ici a été réalisée de cette façon à partir de chocolat blanc ; elle est donc entièrement mangeable !

Vous pouvez déguster les pâtisseries exquises de François aux endroits suivants :

Marché Jean-Talon
Chocolats Privilège
7070, rue Henri-Julien
Montréal (Québec)

1001, rue Fleury Est
Montréal (Québec)

3602, boul. Saint-Charles
Kirkland (Québec)

chocolatsprivilege.com

TERRAIN DE JEUX

VOUS TROUVEREZ LES SOLUTIONS À LA PAGE 84.

PHOTOS CROISÉES

Nous utilisons souvent des anglicismes ou des noms de marques pour désigner ces objets. Connais-tu leurs noms en français correct ?

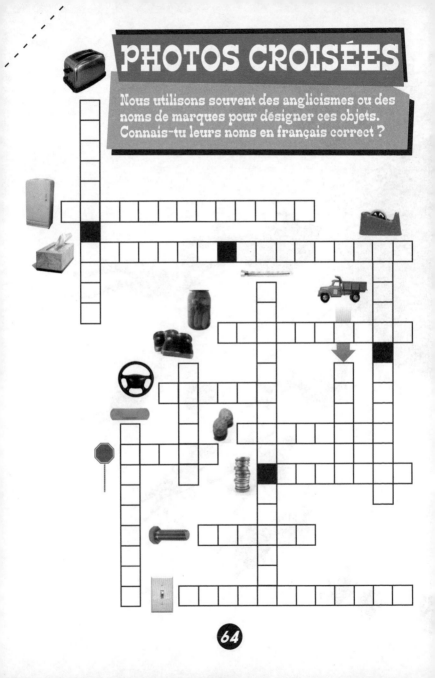

La boîte à lettres

> Quelles quatre lettres se retrouvent le plus souvent dans cette boîte ? La réponse te permettra de comprendre l'image de la page 48. Tu dois placer ici les quatre lettres qui se répètent le plus, dans l'ordre, en commençant par celle qui apparaît le plus souvent.

RÉPONSE : ____ ____ ____ ____ Indice : « chat » en espagnol

Peux-tu mettre ces objets en ordre, du plus ancien au plus récent ?

Il y a des indices pour te situer dans le temps. Demande aussi à tes grands-parents de t'aider : ils se souviennent peut-être de l'époque où ces inventions sont apparues...

A.

____

Le four à micro-ondes
(inventé à la fin de la
Seconde Guerre mondiale)

Le téléphone

B.

____

C.

____

D.

L'ordinateur personnel
(apparu l'année où les
Jeux olympiques se sont
tenus à Montréal)

**L'automobile
à moteur à explosion**
(inventée bien avant
la télévision, mais
après le téléphone)

E.

____

L'avion de ligne
(les deux derniers chiffres de l'année
de son apparition sont semblables
et font 6 lorsqu'on les additionne)

F.

**L'appareil
photo 35 mm**
(apparu un an avant
la télévision)

G.

____

La télévision
(on fêtera son
100e anniversaire
en 2026)

A B C D E

67

4. ILFM ED UPRE

5. LES IDETBRUNLCSTEIS

3. IKGN OGKN

6. EL EISGEURN DSE NAEANUX

En jonglant avec ces claquettes de cinéma, Léon a mélangé toutes les lettres des titres de films*. Peux-tu les remettre en ordre ?

* Les titres de films sont en français.

2. UPAERSMN

7. EIRPATS EDS CÏARBESA

1. RBIEC ED CNIE

8. MDAASACAGR

68

Aimez-vous la pub ?

CHAQUE JOUR, NOUS SOMMES INONDÉS DE PUBLICITÉS. VOYONS VOIR SI VOUS EN AVEZ RETENU QUELQUES-UNES...

DEMANDEZ À QUELQU'UN DE VOUS POSER CES QUESTIONS. VOUS AVEZ 1 MINUTE POUR Y RÉPONDRE. BONNE CHANCE !

1. Pouvez-vous nommer le troisième personnage des céréales Rice Krispies ? Cric, Crac et_____.

2. Comment s'appelle le colonel aux cheveux blancs qui représente les restaurants PFK ?

3. Quelle marque de piles a pour emblème un lapin rose jouant du tambour ?

4. Quelle chaîne de fast-food prétend que sa nourriture, « c'est ça que j'aime » ?

5. Comment s'appelle l'homme sur les boîtes de riz portant son nom ? C'est un oncle...

COMBIEN DE LÉON
Y A-T-IL DANS LES
DEUX PAGES SUIVANTES ?

AYEZ L'AIR INTELLIGENTS

en parlant une autre langue !

Parce qu'il est toujours impressionnant
d'entendre quelqu'un parler une
autre langue, voici quelques
courtes phrases à retenir...

Durant votre prochain voyage en Amérique du Sud ou en Espagne, vous pourrez dire :

« ¡ Qué espléndido día ! »

Traduction : « Quelle magnifique journée ! »

Dans un restaurant italien, vous pourrez dire :

« Il mio piatto è realmente delizioso ! »

Traduction : « Mon plat est vraiment délicieux ! »

Si vous rencontrez une jolie Allemande ou un charmant Allemand, vous pourrez lui dire :

« Tu hast schöne Augen ! »

Traduction : « Comme tu as de beaux yeux ! »

BON MAGASINAGE !

SI LE DENTISTE LE DIT...

CODE SECRET

TROUVEZ LE CODE SECRET ET VOUS POURREZ ACCÉDER AU JEU 1 SUR WWW.CYBERLEON.CA.

Pour découvrir le **CODE SECRET**, vous devez d'abord résoudre le rébus suivant et retranscrire chaque mot sous le numéro correspondant à la page 81.

À la fin, vous obtiendrez une phrase; ce sera le code secret qui vous permettra d'accéder au jeu 1.

Si ça ne fonctionne pas, malheureusement, vous devrez revoir attentivement chaque dessin et trouver par vous-mêmes où vous auriez pu faire une erreur.

RÉBUS SECRET
RÉBUS SECRET

1.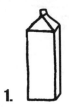

2.

(* EN ANGLAIS)

3.

4.

5.

6.

7. C

8.

9.

10.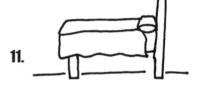

11.

12.

13.

RAPPORTEZ ICI TOUTES LES BONNES RÉPONSES ET DÉCOUVREZ LE CODE SECRET !

1.	2	3	4	5	6	7

8	9	10	11.	12	13

Code secret :

_____

_____

Il ne vous reste plus qu'à entrer ce code sur
www.cyberleon.ca
dans la section « BONBONS ».

ANNIE GROOVIE
À VOTRE ÉCOLE

Cool!

EH OUI, ANNIE GROOVIE FAIT DES TOURNÉES DANS LES ÉCOLES !
VOUS TROUVEREZ TOUTE L'INFORMATION SUR LE SITE
WWW.CYBERLEON.CA.

À BIENTÔT PEUT-ÊTRE !

Annie Groovie voit le jour le 11 avril 1970, à 19 h 15, en plein souper de cabane à sucre. Elle grandit heureuse et comblée à Québec. Très tôt, elle développe un goût profond pour la création (et pour les sucreries...). Dès l'âge de huit ans, elle remporte son premier concours de dessin, grâce à son originalité.

Photo : Dominique Malaterre

Annie est diplômée en arts plastiques et bachelière en communications graphiques. Elle exerce le métier de conceptrice publicitaire depuis plusieurs années à Montréal, où elle habite depuis 1994 (eh oui, elle vieillit...).

Annie est une grande adepte de la gymnastique ainsi qu'une mordue de cirque et d'acrobaties de toutes sortes. En 1997, elle est sélectionnée par le Cirque du monde et part trois mois au Chili pour enseigner les arts du cirque aux enfants de la rue.

En 2003, Annie Groovie se découvre une toute nouvelle passion : la création de livres pour enfants. Aujourd'hui, les albums consacrés à son personnage de Léon « roulent » à merveille. Elle a un projet de dessins animés en production, et vous tenez présentement le premier numéro d'une série de livres tout à fait délirants !

53 à 55

1. A
2. D
3. B
4. A
5. B
6. C
7. A
8. C
9. D
10. D
11. D
12. D
13. B
14. C
15. B

66

1. B > 1860
2. C > 1896
3. F > 1925
4. G > 1926
5. E > 1933
6. A > 1945
7. D > 1976

46 47

1. VRAI
2. FAUX
3. VRAI
4. VRAI
5. FAUX
6. FAUX
7. VRAI
8. VRAI

68

1. Brice de Nice
2. Superman
3. King Kong
4. Film de peur
5. Les Indestructibles
6. Le Seigneur des anneaux
7. Pirates des Caraïbes
8. Madagascar

32 Un cercueil

65 G A T O

67 **69**

1. Croc
2. Colonel Sanders
3. Energizer
4. McDonald's
5. Uncle Ben's

70 71

1. Dans le fenêtre à gauche
2. Dans le fauteuil, en train de lire le journal
3. Sur le journal
4. Dans le cadre, sur le mur de gauche
5. Sur le magazine placé sur la petite table à côté du fauteuil
6. Sur la couverture du deuxième magazine par terre, en partant de la gauche
7. Sur la couverture du cinquième magazine par terre, en partant de la gauche
8. Sur le t-shirt du Chat
9. Sous le fauteuil deux places
10. Derrière le fauteuil deux places
11. Sur le dernier magazine à droite, par terre
12. Dans la télévision
13. Dans la bibliothèque
14. La tête d'une statuette au-dessus de la bibliothèque

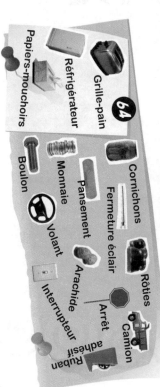

64

Papiers-mouchoirs
Réfrigérateur
Grille-pain
Boulon
Monnaie
Cornichons
Fermeture éclair
Pansement
Volant
Arachide
Rôties
Interrupteur
Arrêt
Camion
Ruban adhésif

Les éditions de la courte échelle inc.
5243, boul. Saint-Laurent
Montréal (Québec) H2T 1S4
www.courteechelle.com

Révision :
André Lambert et Valérie Quintal

Muse : Franck Blaess

Dépôt légal, 2e trimestre 2007
Bibliothèque nationale du Québec

La courte échelle reconnaît l'aide financière du gouvernement du Canada par l'entremise du
Programme d'aide au développement de l'industrie de l'édition pour ses activités d'édition.
La courte échelle est aussi inscrite au programme de subvention globale du Conseil des Arts
du Canada et reçoit l'appui du gouvernement du Québec par l'intermédiaire de la SODEC.

La courte échelle bénéficie également du Programme de crédit d'impôt pour l'édition
de livres — Gestion SODEC — du gouvernement du Québec.

Catalogage avant publication de Bibliothèque et Archives Canada

Groovie, Annie

       Délirons avec Léon

       Pour enfants de 8 ans et plus.

       ISBN 978-2-89021-914-4

       I. Titre.

PS8613.R66D44 2007   jC843'.6   C2006-942113-7
PS9613.R66D44 2007

Imprimé en Malaisie

LÉON A MAINTENANT

1

Léon et les expressions

Léon et les superstitions

RIGOLONS AVEC LÉON !

Léon et les bonnes manières

Léon et l'environnement

DEUX COLLECTIONS !

2

DÉLIRONS AVEC LÉON !

DEMANDEZ-LES À VOTRE LIBRAIRE !